Schwäbische Sonntagskuchen

Oertel+Spörer

Inhalt

OBSTKUCHEN

Apfelkuchen 8
Apfelkuchen mit Quark-Blätterteig .10
Aprikosenkuchen 12
Bodenlos einfach Kuchen 14
Himbeer-Biskuit-Rolle 16
Kirschkuchen 18
Kirschenmichel 20
Träubleskuchen 22
Zwetschgenkuchen 24

RÜHR- UND HEFEKUCHEN

Becherleskuchen 28
Eierlikörkuchen 30
Hefezopf 32
Marmorkuchen 34
Marmorgugelhupf 36
Nusskranz 38
Reutlinger Mutschel 40
Streuselkuchen vom Blech 42

TORTEN UND FESTTAGSKUCHEN

Apfelweintorte 46
Bienenstich 48
Capuccino-Sahne-Torte 50
Charlotte 52
Erdbeer-Käsesahne-Torte 54
Früchte-Torte 56
Käsekuchen 58
Käsekuchen ohne Boden 60
Kirschtorte 62
Linzertorte 64
Madame Chocolat 66
Nusstorte 68
Rumkugel 70
Schokokuppeltorte 72
Schokokuss-Torte 74
Walnusstorte 76

KLEINE KÖSTLICHKEITEN

Brandteig-Schwäne 80
Flachswickel 82
Lia-Schnitten 84
Kirschtäschle 86
Quarkbällchen 88
Nusshörnle 90

HERZHAFTES ZUM VIERTELE

Bubaschenkel 94
Rahmkuchen 96
Zwiebelkuchen 98
Käsegebäck 100

Bäckerinnen und Bäcker 102

Vorwort

SONNTAGSKUCHEN ERLEBEN DERZEIT EINE RENAISSANCE.

Viele – auch junge Familien – haben die gute alte Tradition wiederentdeckt, den siebten Tag der Woche mit Torten oder Feingebäck zu versüßen. Doch Rezept ist nicht gleich Rezept. Und was die Großmutter noch wusste, weiß mancher Enkel längst nicht mehr.

Dabei sind es meist kleine, scheinbar unbedeutende Kniffe, die maßgeblich zum Gelingen köstlichen Backwerks beitragen.

Dieses Büchlein ist eine Liebeserklärung an den Sonntagskuchen. Zum Rendezvous verabredet haben sich hier die Empfehlungen professioneller Bäcker und Konditoren mit denen backbegeisterter GEA-Leser. Was sie eint? Langjährige Erfahrung, die selbst Anfängern zu Erfolgserlebnissen verhilft. Was in der Vergangenheit von der Kritik einerseits, andererseits aber auch von zufriedenen Käufern bestätigt wurde.

Längst ist die erste Auflage der „Sonntagskuchen" vergriffen, weshalb mit der nun vorliegenden Rezeptsammlung eine optisch aufgefrischte und durch weitere Backempfehlungen angereicherte Ausgabe auf den Markt gebracht wurde.

Guten Appetit und gutes Gelingen wünscht,

Heike Krüger

SO SCHMECKT DER SOMMER:
DIE LECKERSTEN

Obstkuchen

MEIN *Tipp*

Wer über keine Küchenwaage verfügt, kann auch den Sahnebecher als Maß verwenden. Sie messen drei Becher Mehl und einen Becher Zucker für den Teig sowie einen halben Becher Zucker für den Guss ab.

UNMÖGLICHER

Apfelkuchen

EIN REZEPT VON SIMONE ARMBRUSTER

ZUTATEN

FÜR DEN TEIG
2 Becher Schlagsahne
200 g Zucker
1 Päckchen Vanillezucker
abgeriebene Schale einer
unbehandelten Zitrone
5 Eier
375 g Mehl
1 Päckchen Backpulver

FÜR DEN BELAG
1 ½ kg säuerliche Äpfel
4 EL Zitronensaft

FÜR DEN GUSS
100 g Butter
100 g Zucker
4 EL Milch
60 g Mandelplättchen

ZUBEREITUNG

Die Äpfel schälen, vierteln, entkernen und in Längsspalten schneiden.

Die Spalten mit dem Zitronensaft beträufeln und vermischen.

Für den Teig Sahne mit Zucker, Vanillezucker und Zitronenschale halb steif schlagen.

Die Eier einzeln unterrühren.

Mehl und Backpulver sieben und unter die Sahnemasse rühren.

Den Teig auf ein gefettetes Backblech streichen und mit den Apfelspalten belegen.

BACKZEIT Bei 200 °C (Umluft 160 °C) auf der zweiten Schiene von unten 15 Minuten backen.

Derweil für den Guss Butter, Zucker und Milch aufkochen, die Mandelblättchen untermischen, und die Masse punktuell auf dem Kuchen verteilen.

Weitere 15 Minuten auf der zweiten Schiene von oben fertigbacken.

EINFACHER QUARK-BLÄTTERTEIG-

Apfelkuchen

EIN REZEPT VON CHRISTA SIMON-HEID

ZUTATEN

ZUBEREITUNG

FÜR DEN TEIG

250 g Mehl
250 g Quark
160 g kalte Butter
½ TL Salz

Die Teigzutaten mit einem Messer bröselig hacken, zusammenkneten und kalt stellen. Der Teig muss weder eingeschlagen noch mehrmals ausgerollt werden!

Die Äpfel schälen, entkernen, in dünne Schnitze schneiden und mit Zitronensaft beträufeln.

FÜR DIE FÜLLUNG

6 große Boskop-Äpfel
Zitronensaft
125 g Butter
2 EL brauner Zucker
1 Päckchen Vanillezucker

125 g Butter zerlassen und zusammen mit dem braunen Zucker und dem Vanillezucker verrühren.

Das Ganze über die Äpfel geben und vorsichtig vermengen.

Jetzt den Teig ganz dünn ausrollen, auf ein Blech legen und dachziegelartig mit den Apfelschnitzen belegen.

BACKZEIT Bei 200 °C Umluft zuerst 5 Minuten backen, danach bei 180 °C 15 bis 20 Minuten karamellbraun backen.

MEIN *Tipp*

Einige grob gehackte Haselnüsse vor dem Backen darüber
gestreut, machen sich gut.
Der Kuchen schmeckt am besten warm mit Schlagsahne.

MEIN *Tipp*

Sehr erfrischend ist der Kuchen, wenn er vor dem Servieren gekühlt wurde.

Aprikosen-kuchen

ZUTATEN

FÜR DEN TEIG

250 g Mehl
125 g Zucker
1 Ei
150 g Butter

FÜR DEN BELAG

1 Dose Aprikosen
(oder Pfirsiche) mit Saft
1 Päckchen Vanille-
pudding

FÜR DEN GUSS

3 Eier (getrennt)
90 g Zucker
1 Becher saure Sahne

ZUBEREITUNG

Die Teigzutaten zu einem Mürbteig verarbeiten, auswellen und in eine Springform geben.

Die Früchte auf dem Boden verteilen.

Den Fruchtsaft zu einer Gesamtmenge von ½ Liter mit Wasser auffüllen. Damit den Vanillepudding kochen.

BACKZEIT Die heiße Masse über die Früchte streichen und das Ganze bei 175 °C 35 bis 40 Minuten backen.

Derweil 3 Eigelb mit Zucker und saurer Sahne schaumig rühren, das Eiweiß zu Schnee schlagen und unterheben.

Die Masse auf den vorgebackenen Kuchen streichen und diesen nochmals 15 Minuten in den Ofen schieben.

BODENLOS
EINFACH
Kuchen

EIN REZEPT VON HANS WUCHERER

ZUTATEN

450 g Weizenmehl
(Typ 405)
300 g Zucker
3 Eier
500 g Dickmilch
1 Päckchen Backpulver
1 Prise Salz
Obst nach Belieben

ZUBEREITUNG

Ein rundes Backblech einfetten und mehlen.

Das Mehl mit dem Backpulver versieben.

Dann alle übrigen Teigzutaten beigeben, glattrühren und in die Form füllen.

Nun nach Belieben mit Obst belegen, sehr saftige Früchte vorher gut abtropfen lassen.

BACKZEIT Bei 200 °C etwa 30 bis 40 Minuten lang backen.

MEIN *Tipp*

Wer's mag, kann den Kuchen
mit Streuseln, Mandeln,
Kokosflocken oder Ähnlichem
verfeinern.

HIMBEER-
Biskuit-Rolle

EIN REZEPT VON BEATE PITTAS

ZUTATEN

FÜR DEN TEIG

5 Eier
1 Msp. Vanille
120 g Honig
50 g kohlensäurehaltiges Wasser
150 g frisch gemahlenes Dinkelmehl

FÜR DIE FÜLLUNG

300 ml süße Sahne
etwas Akazienhonig
300 g Himbeeren (im Winter gefrorene Himbeeren ohne Zucker)

ZUM VERZIEREN

Sahne
etwas Kakaopulver oder Puderzucker

ZUBEREITUNG

Zuerst die Eier trennen.

Zu den Eigelben die Vanille, den Honig und das Wasser geben und schaumig rühren.

Das Eiweiß steif schlagen, den Dinkel mehlfein mahlen. Den Eischnee und das Vollkorn-Dinkelmehl unter die Eigelb-Schaummasse heben.

BACKZEIT Den Biskuitteig auf einem mit Backpapier ausgelegten Backblech glatt streichen und bei 160 °C Umluft etwa 12 bis 15 Minuten hell- bis mittelbraun backen.

Den Biskuit auf ein Geschirrtuch stürzen, und das Papier vorsichtig abziehen. Mit dem Geschirrtuch aufrollen und abkühlen lassen.

Nun Sahne steif schlagen und die fast aufgetauten Himbeeren (oder frischen Himbeeren) unter die Sahne heben. Mit Akazienhonig abschmecken.

Die abgerollte Teigplatte mit der Füllung bestreichen, dann der Breite oder Länge nach aufrollen. Eventuell mit Sahne, Kakaopulver oder etwas Puderzucker verzieren.

Kirschkuchen

EIN REZEPT VON TRUDL KIMMERLE

ZUTATEN

FÜR DEN TEIG

1 Ei
100 g Zucker
200 g Butter
100 g gem. Haselnüsse
300 g Mehl
1 Prise Salz
etwas Milch

FÜR DEN BELAG

2 Gläser Sauerkirschen
½ l Kirschsaft
100 ml Kirschwasser
2 Päckchen Schokoladenpudding

FÜR DIE STREUSEL

150 g Butter
100 g Zucker
150 g Mehl
100 g gem. Haselnüsse

ZUM VERZIEREN

1 ½ Becher Schlagsahne
1 Päckchen Sahnesteif
etwas Kakaopulver

ZUBEREITUNG

Kirschen im Sieb abtropfen lassen (einen halben Liter Saft auffangen), mit dem Kirschwasser übergießen und gut eine Stunde lang ziehen lassen.

Den Kirschsaft zum Kochen bringen und damit den Schokoladenpudding zubereiten. Die getränkten Kirschen unter den Pudding mischen.

Aus den Teigzutaten einen Mürbteig herstellen, diesen auf einem Blech gleichmäßig auslegen und mit Semmelbrösel bestreuen.

Nun die Kirsch-Pudding-Masse auf den Teig geben und Streusel und gemahlene Haselnüsse darüber verteilen.

BACKZEIT Bei 200 °C, nach 5 Minuten die Temperatur auf 175 °C reduzieren, 50 bis 60 Minuten backen.

Den Kirschkuchen auskühlen lassen, vor dem Servieren mit Schlagsahne bestreichen und mit Kakao bestäuben.

MEIN *Tipp*

Die Semmelbrösel auf dem Teig verteilt vermeiden ein Aufweichen des Bodens durch die saftigen Kirschen.

MEIN *Tipp*

Der Kirschenmichel schmeckt warm am besten, kann aber auch erkaltet zu einer Tasse Kaffee genossen werden. Kinder lieben dieses Rezept von anno dazumal!

KÖSTLICHER

Kirschen-michel

EIN REZEPT VON HELGA WOLFF

ZUTATEN

5 Brötchen vom Vortag
100 g Butter
100 g Zucker
¼ l erwärmte Milch
3 Eier (getrennt)
750 g Kirschen
(möglichst entsteint)
Zimt
1 Prise Salz

ZUBEREITUNG

Die Brötchen in Scheiben schneiden, mit der warmen Milch übergießen und durchweichen lassen.

Die geschmolzene Butter, Zucker und Eigelbe mit dem Brötchenteig vermischen, danach die gewaschenen und gut abgetropften Kirschen hinzufügen.

Je nach Geschmack mit Zimt würzen.

Eiweiße steif schlagen und den Eischnee unterheben. Eine Backform mit Backpapier auskleiden und die Teigmasse hineingeben.

BACKZEIT Bei 200 °C etwa 1 Stunde lang backen.

Träubles-kuchen

EIN REZEPT VON ULRIKE STICKEL

ZUTATEN

FÜR DEN MÜRBTEIG

250 g Mehl
125 g Butter
80 g Zucker
1 Msp. Backpulver
1 Päckchen Vanillezucker
1 Ei und 1 Eigelb

FÜR DEN BELAG

500 g Träuble
250 g Puderzucker
125 g gem. Haselnüsse
6 Eiweiß

ZUBEREITUNG

Butter, Eier und Zucker schaumig rühren, dann die restlichen Teigzutaten hinzufügen, gut verkneten und in eine Springform geben.

Dabei einen Rand von maximal 2 cm Höhe formen.

Anschließend die 6 Eiweiß zu Schnee schlagen, Puderzucker und Nüsse leicht unterheben.

Die Masse halbieren und die abgetropften Träuble unter die eine Hälfte heben.

Die Träuble-Eischnee-Mischung auf den Mürbteigboden streichen.

Dann die zweite Hälfte der Masse vorsichtig über den Belag streichen.

BACKZEIT In den auf 200 °C vorgeheizten Ofen schieben und jetzt die Temperatur auf 170 °C zurückstellen und 45 bis 50 Minuten backen.

MEIN *Tipp*

Bei gefrorenen Träuble empfiehlt es sich sehr, den Mürbteigboden mit einer 0,5 cm
dicken Schicht gemahlener
Haselnüsse auszulegen. Sollten
keine Träuble zur Verfügung
stehen, funktioniert das Rezept
auch hervorragend mit Sauerkirschen.

MEIN *Tipp*

Eigelb möglichst nicht auf das trockene Mehl geben, sondern in die Zuckerkuhle legen. Andernfalls wird der Teig fleckig.

Zwetschgenkuchen

EIN REZEPT VON SABINE HAAS

ZUTATEN

FÜR DEN TEIG
250 g Mehl
125 g Butter
65 g Zucker
2 Eigelb

FÜR DEN BELAG
Zwetschgen, halbiert

FÜR DIE BUTTERSTREUSEL
100 g Zucker
100 g Butter
175 g Mehl

ZUBEREITUNG

Das Mehl auf ein Backbrett oder die Arbeitsplatte schütten und in die Mitte eine Mulde drücken.

In diese den Zucker und die Eigelbe geben.

Außen herum die in Scheiben geschnittene Butter legen.

Nun mit einem Messer die Zutaten zu einer bröseligen Masse hacken, dann das Ganze zusammenkneten bis ein glatter Teig entstanden ist. Er sollte mindestens eine Viertelstunde ruhen.

Inzwischen die Zwetschgen halbieren, entsteinen und zuckern sowie die Streusel kneten.

Nach der Ruhepause wird der Teig in einer Springform gleichmäßig verteilt.

Darauf die Zwetschgenhälften legen, mit etwas Zimt bestäuben und mit Streusel belegen.

BACKZEIT Bei 200 °C auf mittlerer Schiene etwa 1 Stunde backen.

FEINE LECKEREIEN FÜR
GEMÜTLICHE KAFFEESTUNDEN:
KLASSISCHE

Rühr- und Hefekuchen

Becherles-Kuchen

EIN REZEPT VON HEIKE KRÜGER

ZUTATEN

1 Becher Joghurt (150 g)
1 Becher Sonnenblumenöl
2 Becher Zucker
3 Becher Mehl
1 Päckchen Backpulver
4 Eier getrennt
(Dosen-)Obst

ZUBEREITUNG

Eine Springform einfetten und mit Semmelbröseln bestäuben.

Joghurt in eine Schüssel kippen und den leeren Becher als Maß verwenden.

Eigelbe und Zucker sowie das Öl hinzufügen und alles gut durchrühren.

Nun das gesiebte Mehl-Backpulver-Gemisch beigeben und so lange rühren, bis die Masse Blasen schlägt.

Die Eiweiße zu Schnee schlagen und diesen unterheben.

Den Teig in die Form füllen und (gut abgetropftes) Obst darauflegen.

BACKZEIT Bei 200 °C knapp 60 Minuten backen.

MEIN *Tipp*

Den Kuchen nach dem Erkalten mit Puderzucker bestreuen. Er ist so saftig, dass er auch noch am zweiten Tag lecker schmeckt. Das Rezept eignet sich auch für gänzlich unerfahrene Bäcker.

Eierlikör-kuchen

EIN REZEPT VON ANETTE HIESEL

ZUTATEN

5 Eier
250 g Zucker
2 Päckchen Vanillezucker
¼ l Eierlikör
¼ l geschmacksneutrales Öl
250 g Mehl
1 Päckchen Backpulver

ZUBEREITUNG

Die Eier mit dem Zucker und dem Vanillezucker zu einer schaumigen Masse verrühren.

Dann Eierlikör und Öl zugeben. Mehl und Backpulver unterrühren und den flüssigen Teig in eine gefettete und mit Semmelbrösel ausgestreute Gugelhupfform füllen.

BACKZEIT Bei 160 °C etwa 60 bis 70 Minuten backen.

Hefezopf

EIN REZEPT VON HUBERT BERGER

ZUTATEN

ZUBEREITUNG

FÜR DEN VORTEIG

150 g Mehl (Type 550)
200 ml lauwarme Milch
15 g Hefe

FÜR DEN TEIG

350 g Mehl (Type 550)
65 g weiche Butter
75 g Zucker
1 Ei
15 g Hefe
5 g Salz
Abrieb von 1 Zitrone
1 Eigelb zum Bestreichen

Alle Zutaten für den Vorteig verkneten und in einer Schüssel abgedeckt 1 Stunde ruhen lassen.

Die restlichen Zutaten mit dem Vorteig zu einem glatten Teig verarbeiten.

Am Ende der Knetzeit können noch 50 g Sultaninen untergeknetet werden.

Den Teig etwa 20 Minuten abgedeckt ruhen lassen.

Neun etwa gleich große Stränge rollen und jeweils drei zu einem Zopf flechten.

Die geflochtenen drei Zöpfe etwa 1 Stunde auf dem Backblech ruhen lassen.

Die Zöpfe mit verquirltem Ei zweimal bestreichen.

Ein großer Zopf ist immer etwas schwieriger zu backen – oft wird er außen zu dunkel oder er ist innen zu knapp gebacken.

Zum Schluss die Zöpfe mit Hagelzucker und Mandeln bestreuen.

BACKZEIT Bei 180 °C etwa 25 Minuten goldbraun backen.

DER BESTE
Marmor-
kuchen

EIN REZEPT VON GABRIELA STORK

ZUTATEN

200 g Zucker
250 g Margarine
3 Eier
1 bis 3 Eigelb
(je nach Geschmack)
160 g Mehl
80 g Stärke (Mondamin)
12 g Weinstein-Backpulver
1 Päckchen Vanillezucker
abgeriebene Schale einer
½ unbehandelten Zitrone
1 EL Kakao
1 EL löslicher Kaffee
60 g geriebene Mandeln
3 EL Milch

ZUBEREITUNG

Eier und Zucker schaumig rühren, Margarine dazugeben, dann Mehl und Stärke mit dem Backpulver mischen und hinzufügen. Alles kräftig durchrühren. Anschließend den Teig halbieren.

Kaffee und Kakao mit Milch anrühren und unter die eine Teighälfte geben, zur anderen unter Rühren die Mandeln hinzufügen.

In eine gefettete Gugelhupf- oder Kastenform zuerst den hellen Teig, dann den dunklen füllen und glatt streichen.

Beide Schichten mit einer Gabel „durchdrehen".

BACKZEIT Bei 160 °C 40 bis 45 Minuten auf mittlerer Schiene backen. Abkühlen lassen, stürzen und entweder mit reichlich Puderzucker bestäuben oder mit Schokoladenkuvertüre überziehen.

FEINER Marmor-Gugelhupf

EIN REZEPT VON WOLFGANG SAUTTER

ZUTATEN

150 g weiche Butter
120 g Puderzucker
6 Eigelb
6 Eiweiß
150 g Kristallzucker
175 g Weizenmehl
(Typ 405)
40 g Kakao

ZUBEREITUNG

Die weiche Butter mit dem Puderzucker schaumig rühren.

Nach und nach die Eigelbe hinzugeben und so lange rühren, bis eine cremige Masse entsteht.

Eiweiße und Kristallzucker zu Eischnee schlagen, dabei Zucker nach und nach zugeben.

Beide Massen vorsichtig unterheben, aber nicht rühren. Anschließend das gesiebte Mehl unterziehen.

Etwa ⅓ der Masse mit Kakao einfärben.

Eine Gugelhupfform mit Butter fetten und mit Mehl einstäuben.

Die Teigmasse abwechselnd dunkel – hell einfüllen. Mit einer Gabel vorsichtig Muster ziehen.

BACKZEIT Bei 160 °C etwa 60 Minuten backen. Den Gugelhupf auf einen Teller stürzen, etwas abkühlen lassen und dann aus der Form nehmen.

MEIN *Tipp*

Dieser Gugelhupf unterscheidet sich von anderen darin, dass er ohne Backpulver zubereitet wird. Er ist für Genießer mit empfindlichem Magen ganz besonders geeignet.

MEIN *Tipp*

Den Teig ausgiebig ruhen lassen, bevor er ausgewellt wird.

Nusskranz

EIN REZEPT VON EDELTRAUT STRIEDL

ZUTATEN

FÜR DEN TEIG

300 g Weizenmehl
2 gestr. TL Backpulver
100 g Zucker
1 Päckchen Vanillezucker
1 Ei
2 EL Milch oder Wasser
125 g Butter oder
Margarine

FÜR DIE FÜLLUNG

200 g gem. Haselnüsse
100 g Zucker
4–5 Tropfen Bittermandelöl
1 Ei
1 Eiweiß

ZUBEREITUNG

Die Zutaten zu einem geschmeidigen Teig verarbeiten und auswellen.

Anschließend die Zutaten für die Füllung zu einer Masse vermengen und gleichmäßig auf dem Teig verteilen.

Das Ganze zu einer Wurst zusammenrollen, diese zum Kranz formen und auf ein Backblech legen.

Den Teigkranz an der Oberseite sternförmig mit einem scharfen Messer einritzen und mit Eigelb bepinseln.

BACKZEIT Bei 180 °C etwa 30 bis 40 Minuten backen.
Vorsicht: Der Nusskranz darf nicht zu dunkel werden!

MEIN *Tipp*

Eventuell nach zwei Minuten
Backdauer etwas Wasser
auf das heiße Bodenblech
geben, damit sich Dampf
bilden kann.

Der Reu...
Mutsch...

Reutlinger Mutschel

EIN REZEPT VON HUBERT BERGER

ZUTATEN

1 kg Weizenmehl
(Typ 550)
½ l Milch
15 g Salz
5 g Zucker
100 g Butter oder
Margarine
50 g Hefe

ZUM BESTREICHEN
1 bis 2 Eier

ZUBEREITUNG

Die halbe Menge Mehl mit der Milch und der Hefe sowie dem Zucker zu einem Vorteig verkneten (Ruhezeit etwa eine Stunde; nicht zu warm).

Danach die restlichen Zutaten zugeben und zu einem glatten Teig kneten.

Ein Viertel der Teigmenge für die Verzierung auf die Seite stellen, und den Rest in 10 gleiche Teile teilen. Diese werden rund geformt und nach 5 Minuten jeweils zu Mutscheln geschnitten.

Aus dem verbliebenen Teig-Viertel die gewünschten Verzierungen formen und auf die Mutscheln legen. Die Mutscheln liegen abgedeckt bei Raumtemperatur ungefähr eine Stunde und werden vor dem Backen vorsichtig mit verquirltem Ei abgestrichen.

BACKZEIT Bei 240 °C etwa 15 Minuten goldbraun backen.

Streuselkuchen

VOM BLECH

ZUTATEN

FÜR DEN HEFETEIG
400 bis 500 g Mehl
1 Würfel Hefe
⅛ l lauwarme Milch
1 Ei
2 EL Zucker
1 Päckchen Vanillezucker
1 Prise Salz
geriebene Zitronenschale
etwa ½ Becher Schmand

FÜR DIE STREUSEL
150 g Mehl
100 g Zucker
125 g Butter
1 Päckchen Vanillezucker
etwas Bittermandel-Aroma

FÜR DIE QUARKMASSE
¼ l Milch
1 Päckchen
Vanillepuddingpulver
200 g Quark

ZUBEREITUNG

Mehl in eine Schüssel geben und eine Kuhle formen.

Die Hefe in die lauwarme Milch bröseln, Zucker und Vanillezucker zugeben und die Flüssigkeit in die Kuhle schütten.

Mit etwas Mehl bedecken und zu einem Vorteig kneten. Diesen gehen lassen.

Danach die restlichen Teigzutaten beifügen und alles zu einem glatten Hefeteig verarbeiten, der dann auf einem gefetteten oder mit Backpapier ausgelegten Backblech ausgebracht wird.

Aus Milch und Puddingpulver einen festen Pudding kochen.

Diesen erkalten lassen, ehe der Quark untergerührt wird.

Die Masse in Klecksen auf den Hefeteig geben.

Aus den Streuselzutaten Streusel formen und über die Kleckse streuen.

BACKZEIT Bei 190 °C bis 200 °C etwa 25 bis 30 Minuten lang backen.

MEIN *Tipp*

Der Streuselkuchen macht sich mit Früchten ebenfalls sehr gut. Je nach Geschmack können Aprikosen, Pflaumen, Johannisbeeren oder Kirschen verwendet werden.

FEINES GEBÄCK UND BACKWERK
FÜR BESONDERE MOMENTE:
TRAUMHAFTE

Torten &
Festtagskuchen

MEIN *Tipp*

Beim Rösten der Mandeln
etwas Vanillezucker hinzufügen
Wenn kein Cidre zur Hand,
kann alternativ auch ein guter
schwäbischer Most mit süßem
Apfelsaft gemischt verwendet
werden.

Apfelwein-Torte

EIN REZEPT VON KARIN MAURER

ZUTATEN

FÜR DEN MÜRBTEIG

250 g Mehl
125 g Butter
125 g Zucker
1 Ei
1 TL Backpulver

FÜR DIE FÜLLUNG

1 kg Äpfel
(vorzugsweise Boskop
oder Grafensteiner)
¾ l Apfelwein (Cidre)
200 g Zucker
2 Päckchen Vanille-
puddingpulver

FÜR DEN BELAG

2 Becher Sahne
2 Päckchen Sahnesteif
2 Päckchen Vanillezucker
50 g geröstete Mandelplättchen

ZUBEREITUNG

Die Äpfel schälen, entkernen, in sehr dünne Scheiben schneiden und mit den übrigen Zutaten für die Füllung etwa eine Minute aufkochen.

Die Masse nun etwa 24 Stunden in den Kühlschrank stellen.

Die Zutaten für den Boden mit der weichen Butter zu einem glatten Teig kneten.

In eine gefettete Springform legen und dabei einen 3 bis 4 cm hohen Rand formen.

BACKZEIT 25 Minuten bei 175 °C Heißluft backen.

Den Boden auf eine Tortenplatte legen, einen Tortenrand umlegen und die gekühlte Masse gleichmäßig darauf verteilen.

Zum Abschluss den Belag auf die Torte streichen und mit den Mandelplättchen garnieren.

Bienenstich

EIN REZEPT VON ROSEMARIE PRELLER

ZUTATEN

FÜR DEN TEIG

200 g Zucker
4 Eier
1 Päckchen Vanillezucker
100 g Mehl
1 TL Backpulver
1 Päckchen Vanillepudding
2–3 TL Zucker
50 g Mandelplättchen
zum Bestreuen

FÜR FÜLLUNG

2 Becher süße Sahne
1 Päckchen Sahnesteif
1 Päckchen Paradiescreme
(Vanille-Geschmack)
¼ l Milch

ZUBEREITUNG

Zucker, Eier und Vanillezucker schaumig rühren.

Dann Mehl, Back- und Puddingpulver vermischen, über die Schaummasse sieben und untermischen.

Den Teig in eine gefettete Springform füllen, ihn mit 2 bis 3 Teelöffeln Zucker und den Mandelplättchen bestreuen

BACKZEIT Bei 180 °C 30 bis 40 Minuten lang backen.

Den Kuchen erkalten lassen und einmal quer durchschneiden.

Paradiescreme mit ¼ Liter Milch herstellen, die Sahne mit dem Sahnesteif schlagen und anschließend mit der Paradiescreme verrühren.

Diese Füllmasse auf den unteren der durchgeschnittenen Böden streichen und mit der anderen Hälfte (die, mit der Mandelkruste) deckeln.

MEIN *Tipp*

Die Zucker-Eier-Masse für
den Teig mindestes 7 Minuten
schaumig rühren.

Sahne-Torte

EIN REZEPT VON GISELA FROESE

ZUTATEN

FÜR DEN MÜRBTEIG

6 Eier
150 g Zucker
150 g gem. Mandeln
30 g Paniermehl
1 Päckchen Backpulver
1 Prise Salz
50 g Schokostreusel
750 ml Schlagsahne
3 Päckchen Sahnesteif
2 Päckchen Vanillezucker
2 Portionsbeutel Cappuccinopulver
1 EL Schokostreusel
1 EL geröstete
1 EL Mandelblättchen
1 EL Puderzucker

ZUBEREITUNG

Eine Springform (ø 26 cm) mit Backpapier belegen.
Eier trennen. Eigelbe und Zucker cremig schlagen. Eiweiße mit der Prise Salz steif schlagen und auf die Eigelbmasse geben.
Mandeln, Backpulver, Paniermehl und Schokostreusel mischen und auf die Eiermasse geben, vorsichtig unterrühren und in die Springform streichen.

BACKZEIT Bei 175 °C etwa 35 bis 40 Minuten backen.

Danach den Boden auf ein Kuchengitter stürzen und auskühlen lassen. Dann vom Tortenboden einen circa 1 cm dicken Deckel abschneiden und zerbröseln. Um den Tortenboden nun einen Tortenring setzen. Sahne steif schlagen, dabei das mit Vanillezucker vermischte Sahnesteif hinzugeben, zum Schluss das Cappuccinopulver einrühren. Sahne auf den Tortenboden streichen und die Kuchenbrösel darüber geben. Die Torte etwa 2 Stunden in den Kühlschrank stellen. Inzwischen die Mandelblättchen ohne Fett in einer Pfanne anrösten und auskühlen lassen. Torte vor dem Servieren mit Mandeln und Schokostreusel bestreuen und den Puderzucker darüber sieben.

Charlotte

EIN REZEPT VON BEATE RENZ

ZUTATEN

FÜR DEN BISKUIT
12 Eier
360 g Mehl
360 g Zucker
4 Msp. Backpulver
1 großes Glas
Erdbeermarmelade

FÜR DIE FÜLLUNG
2 Gläser Schattenmorellen
9 Blatt weiße Gelatine
125 g Doppelrahm-
Frischkäse
3 Becher Sahnedickmilch
à 175 g
50 g Puderzucker
400 ml Schlagsahne
½ unbehandelte Orange

AUSSERDEM
Zucker fürs Küchentuch
eine Eisbombenform oder
eine schöne kuppelförmige
Schüssel (ca. 2,7 l Inhalt, ø 27 cm)
Backpapier und Frischhaltefolie

ZUBEREITUNG

3 Eier trennen, Eigelbe mit 3 Esslöffel warmem Wasser und 60 g Zucker schaumig schlagen.
Eiweiße mit 30 g Zucker steif schlagen und auf die Eigelbmasse geben.
90 g Mehl mit einer Messerspitze Backpulver unterheben.

BACKZEIT Den Teig auf ein mit Backpapier ausgelegtes Blech streichen und bei 200 °C etwa 10 Minuten backen.

Die Biskuitplatte auf das mit Zucker bestreute Küchentuch stürzen, das Backpapier abziehen und den Biskuit schnell mit ⅓ der Marmelade bestreichen und sofort auf dem Tuch einrollen. Den Biskuit eingerollt auskühlen lassen. Nochmals zwei Rollen backen.
Jetzt aus den 3 übrigen Eiern, den restlichen 90 g Zucker und Mehl einen Biskuitboden in einer Springform (ø Schüssel) backen.
Die Schüssel mit Frischhaltefolie auskleiden (Folie darf überstehen).
Die Biskuitrollen in 2 cm breite Scheiben schneiden und die Schüssel damit von innen auslegen.
Schattenmorellen abtropfen lassen, Gelatine einweichen, Frischkäse mit Dickmilch, Puderzucker und ausgepresstem Orangensaft verrühren.
Die Gelatine bei milder Hitze in etwas Wasser auflösen, unter die Creme geben und zum Gelieren kühlen.
Sahne steif schlagen und mit den Kirschen unter die Creme heben.
Die Masse in die mit Biskuitscheiben ausgelegte Schüssel füllen, überstehende Teigstücke abschneiden.
Den runden Biskuit als Deckel auflegen. Mit den überstehenden Folienzipfeln abdecken und 4 Stunden kühlstellen. Die Charlotte auf eine Kuchenplatte stürzen und die Folie abziehen.

MEIN *Tipp*

Den Teigboden möglichst glatt mit dem Nudelholz auswellen.Ist er unterschiedlich dick, sind einige Stellen beim Backen schneller fertig und werden zu keksartig. Sie könner beim Herauslösen aus der Form wegbrechen.

ERDBEER-KÄSESAHNE-Torte

EIN REZEPT VON CARINA STEFAK

ZUTATEN

FÜR DEN TEIG

150 g Mehl
100 g kalte Butter
2 EL Zucker
1 Prise Salz

FÜR DEN BELAG

600 g Erdbeeren
3 Eigelb
150 g Zucker
1 EL Zitronensaft
500 g Quark
10 Blatt Gelatine
500 ml Sahne
3 Eiweiß

ZUM VERZIEREN

Pistazien oder Minzblätter

ZUBEREITUNG

Die Beeren klein stückeln, 6 ganze Früchte für die Deko beiseitelegen. Den Backofen auf 200 °C vorheizen. Mehl mit kleinen Butterstücken, Zucker, Salz und 4 Esslöffel kalten Wasser gut verkneten.

BACKZEIT Den ungefetteten Springformboden mit dem Teig auskleiden. Mit einer Gabel ein paarmal einstechen und im Ofen auf mittlerer Schiene etwa 10 Minuten goldbraun backen. Gut abkühlen lassen.

Dann Eigelbe und Zucker in eine große Schüssel füllen und gut schaumig schlagen. Zitronensaft und Quark dazurühren, Gelatine in kaltem Wasser 10 Minuten einweichen. Die Erdbeeren leicht mit der Gabel zerdrücken.
4 Esslöffel Wasser in einem Topf heiß werden lassen, diesen vom Herd ziehen, die Gelatineblätter nacheinander dazugeben und auflösen. Das Erdbeerpüree mit der Quarkcreme verrühren und die Gelatine mit ein paar Löffeln davon verrühren. Alles in die übrige Frucht-Quark-creme-Mischung geben und gut untermischen. Die Schüssel mit der Erdbeercreme 5 Minuten kühlen, bis diese anfängt fest zu werden. Den Tortenboden auf eine Tortenplatte legen und einen Tortenring um ihn legen. Sahne und Eiweiß steif schlagen. Beides unter die Quarkmasse heben. Masse auf dem Teig im Ring verteilen und glatt streichen. Die Torte mindestens 2 Stunden kühlen, bis die Creme ganz fest ist. Erst dann den Tortenring entfernen. Die 6 Erdbeeren für die Deko halbieren und mit der Schnittstelle nach oben kreisförmig drapieren. Mit Pistazien und Minzblätter garnieren.

Früchte-Torte

EIN REZEPT VON HILDE FRANZ

ZUTATEN ZUBEREITUNG (FÜR 2 TORTEN)

FÜR DEN BISKUIT-BODEN

4 Eier
2 EL warmes Wasser
150 g Zucker
1 Päckchen Vanillezucker
1 Prise Salz
abgeriebene Schale einer Zitrone
100 g Mehl
2 TL Backpulver
2 TL Speisestärke

Eigelbe mit Zucker und Vanillezucker schaumig schlagen, Salz und Zitronenschale zugeben und die Masse cremig rühren.

Eiweiße zu Schnee schlagen und auf die Eigelbmasse geben.

Mehl mit Speisestärke und Backpulver mischen, auf die Eiweißmasse sieben und alles vorsichtig unterheben.

BACKZEIT Den Teig in eine mit Backpapier ausgelegte Springform füllen, glatt streichen und bei 180 °C circa 20 Minuten backen.

FÜR DIE BUTTERCREME

125 g weiche Butter
50 g Puderzucker
1 Eigelb
etwas Likör (Grand Marnier)

Gut auskühlen lassen und einmal quer durchschneiden.

Die Böden auf Tortenplatten legen und mit Grand Marnier beträufeln.

Für die Buttercreme alle Zutaten cremig rühren und die Masse auf die Böden streichen und mit Früchten belegen. Am besten hügelartig – in der Mitte mindestens 5 cm hoch.

FÜR DEN BELAG

Früchte der Saison
2 Päckchen klarer Tortenguss
etwas Sahne

Tortenguss nach Anweisung anrühren und großzügig über den Früchten verteilen.

Zum Schluss etwas Sahne steif schlagen und den Tortenrand mit dem Spritzbeutel verzieren.

MEIN *Tipp*

Auch Dosenobst schmeckt prima. Das gilt auch für fein geschnittene Trockenfrüchte oder Nüsse. Der Fantasie sind keine Grenzen gesetzt!

MEIN *Tipp*

Früchte lassen sich auch direkt
auf dem Boden auslegen.
Damit der durch den Saft –
beispielsweise von Sauerkirschen – nicht „speckig" wird:
separat vorbacken. Erst danach den Teigrand formen und
Früchte sowie Mascarpone-
Masse darauf verteilen

SAFTIGER

Käsekuchen

EIN REZEPT VON WERNER SCHENK

ZUTATEN

FÜR DEN MÜRBTEIG

380 g Weizenmehl
150 g Puderzucker
250 g Butter
1 Ei
Salz
Vanille
Zitrone(nschale) nach Geschmack

FÜR DIE MASSE

500 g Mascarpone
200 g Sauerrahm
150 g Joghurt
100 g Zucker
3 Eier
40 g Mondamin
Salz
Vanille
Zitrone(nschale) nach Geschmack
150 g flüssige Butter

ZUBEREITUNG

Die Zutaten für den Teig verkneten, einen dünnen Kreis ausrollen und in eine Springform oder in ein konisches Blech (29 x 24 cm) legen.

Den restlichen Teig zum Formen des Randes verwenden.

Mascarpone-Sauerrahm-Masse anrühren und auf dem Teigboden verteilen.

BACKZEIT Bei 180 °C etwa 35 bis 40 Minuten backen.

Zum Schluss mit verschiedenen Beeren garnieren.

OMA ANNAS

Käsekuchen

OHNE BODEN

EIN REZEPT VON JANNA BLUM

ZUTATEN

4 bis 5 Eier
200 g Zucker
1 Päckchen Vanillezucker
200 g Butter
4 EL Grieß
1 kg Quark
(Fettstufe 20 %)
½ Päckchen gem. Mandeln
1 Dose Mandarinen

ZUBEREITUNG

Die Eier trennen.

Das Eigelb mit den restlichen Zutaten verrühren.

Das Eiweiß steif schlagen und den Eischnee unter die Eigelbmasse heben.

Das Ganze in eine Springform oder eine eckige Form geben.

BACKZEIT Bei 180 °C etwa 50 Minuten backen.

MEIN *Tipp*

Auch mit Rosinen schmeckt
dieser Kuchen lecker.

Kirschtorte Marie

EIN REZEPT VON KARIN KEIM

ZUTATEN

ZUBEREITUNG

FÜR DEN BODEN

80 g Butter
80 g Zucker
4 Eier
1 Vanillezucker
etwas abgeriebene Zitrone
100 g Blockschokolade
(grob geraspelte Stücke)
200 g gem. Mandeln
1 Päckchen Backpulver
5–6 EL Rum

Butter und Zucker schaumig rühren.

Eier trennen und die Eigelbe unter die Masse rühren. Vanillezucker, Rum und abgeriebene Zitrone dazugeben.

Jetzt Mandeln, die grob geraspelte Schokolade und das Backpulver in einer separaten Schüssel miteinander vermischen und in die Masse geben.

Zuletzt das Eiweiß steif schlagen und die gesamte Masse locker unterheben.

Backform mit Backpapier auslegen und die Masse hineinfüllen.

BACKZEIT FÜR DEN BODEN Bei 150 °C Umluft 45 bis 50 Minuten backen.

FÜR DEN BELAG

3 Becher Schlagsahne
2 Päckchen Vanillezucker
2 bis 3 EL Zucker
3 Päckchen Sahnesteif
1 Glas Sauerkirschen
(mind. 1 Stunde vorher in Rum einlegen)

FÜR DEN BELAG Die Sahne mit dem Sahnesteif, Vanillezucker und Zucker steif schlagen.

Den abgekühlten Kuchenboden mit dem Kirsch-Rum-Saft reichlich tränken und die eingelegten Kirschen darauf verteilen. Ein paar Kirschen für die Verzierung aufbewahren.

Die Sahne gleichmäßig auf den Kirschen verteilen.

Den Kuchen mit den Schokoraspeln und den übrigen Kirschen verzieren.

OMA LISELOTTES

Linzertorte

EIN REZEPT VON CORNELIA FREIDEL

ZUTATEN

FÜR DEN TEIG
400 g Mehl
1 Päckchen Backpulver
250 g Zucker
2 Päckchen Vanillezucker
4 Tropfen Bittermandelaroma
2 Msp. gem. Nelken
2 TL Zimt
2 EL Kakao
2 Eiweiß
1 Eigelb
250 g Butter
250 g gem. Haselnüsse

FÜR DEN BELAG
400 g Pflaumenmarmelade

ZUM BESTREICHEN
1 Eigelb
1 EL Milch

ZUBEREITUNG

Teigzutaten vermengen und zu einem glatten Teig kneten.

Zwei Drittel des Teiges in eine große, gefettete Springform geben und mit Marmelade bestreichen.

Mit dem Rest des Teiges den Kuchen verzieren.

Zum Schluss Eigelb und Milch verquirlen und den Teig damit einpinseln.

BACKZEIT Bei 175 °C etwa 30 Minuten backen. Die Marmelade muss kochen und sollte Blasen schlagen.

MEIN *Tipp*

Der Kuchen gelingt am besten in einer mit Backpapier ausgelegten Form. „Madame Chocolat" wächst beim Backvorgang manchmal über sich hinaus – dies lässt aber beim Abkühlen wieder nach. Zu diesem Kuchen passt ein „original Moccacino": doppelter Espresso, flüssige dunkle Schokolade, Chilipulver, Sahnehäubchen – lecker, fertig!

Madame Chocolat

ZUTATEN

4 Eier
100 g Butter
100 g Roh-Rohrzucker
100 g dunkle Schokolade
(mindestens 70 % Kakaogehalt)
200 g gem. Mandeln
1 Vanille-Schote
3 EL Sahne
und je nach Geschmack
1 Prise Kardamom,
Koriander, geriebene
Orangenschalen oder
Ingwerpulver

ZUBEREITUNG

Schokolade, Butter und Sahne in einen Topf geben und langsam erwärmen bis alles flüssig ist.

Diese Ganache beiseitestellen und zwischendurch immer wieder rühren.

Nebenbei die 4 Eier trennen, die Eiweiße zu Eischnee schlagen. Eigelbe und Zucker und eventuell Gewürze zu einer cremigen Masse rühren.

Anschließend Eigelb-Zucker-Creme und Schokoladen-Ganache miteinander verrühren.

Zum Finale: Eischnee und Mandeln vorsichtig und langsam unterheben und das Ganze in eine Kuchenform füllen.

BACKZEIT Auf mittlerer Schiene bei 165 °C etwa 35 Minuten backen.

Nach dem Auskühlen mit reinem Kakaopulver bestreuen.

Nusstorte

EIN REZEPT VON RUTH REIBER

ZUTATEN

250 g gem. Nüsse (Hasel-
oder Walnüsse, auch
Mandeln möglich)
250 g Zucker
1 Päckchen Vanillezucker
1 Päckchen Backpulver
½ l Sahne
8 Eier

ZUM VERZIEREN
Schokoraspeln oder
gem. Nüsse

ZUBEREITUNG

Eigelbe und Zucker mindestens 10 Minuten mit dem Rührgerät rühren, Backpulver und Nüsse mischen und zu der Eigelb-Zucker-Masse geben.

Den steif geschlagenen Eischnee unterziehen.

Die Masse auf den mit Backpapier ausgelegten Boden einer Springform streichen. Den Rand auf keinen Fall fetten.

BACKZEIT Den Teig bei 175 °C etwa 45 bis 60 Minuten backen.

Nach dem Abkühlen den Kuchen quer aufschneiden und mit circa einem Drittel der geschlagenen Sahne füllen. Mit der restlichen Sahne die Torte gänzlich einhüllen und sie nach Belieben mit gemahlenen Nüssen oder Schokoraspeln bestreuen.

MEIN *Tipp*

Der Nussbiskuit eignet sich
hervorragend zum Einfrieren,
lässt sich aber auch ohne
weiteres einige Tage in Folie
eingeschlagen aufbewahren.
Da kein Mehl verwendet wird,
ist das Rezept auch für Gluten-
Allergiker bestens bekömmlich.

Rumkugel

EIN REZEPT VON MARGRET THUMM

ZUTATEN

FÜR DEN BISKUIT

4 Eier
4 EL kaltes Wasser
100 g Zucker
1 Päckchen Vanillezucker
80 g Mondamin
80 g Mehl
2 gestr. TL Backpulver

FÜR DEN BELAG

100 g Butter
4 EL Zucker
4 Eier
1 Päckchen Vanillezucker
6 EL Rum
6 Blatt weiße Gelatine
(in Zitronensaft auflösen)
225 g Löffelbiskuits
¾ l Sahne

ZUBEREITUNG

Eier trennen und die Eiweiße mit dem Wasser schaumig schlagen.

Dann die übrigen Teigzutaten beifügen und untermischen.

BACKZEIT Die Masse in eine gefettete Springform geben und bei 170 °C etwa 20 Minuten backen.

Für den Belag ebenfalls die Eier trennen und Butter, Zucker, Eigelbe und Vanillezucker schaumig rühren.

Rum und aufgelöste Gelatine dazugeben, steif geschlagene Sahne und Eischnee unterheben.

Eine Schüssel (ø passend zum Tortenboden) mit Alufolie auslegen. Nun abwechselnd Masse und Löffelbiskuits einfüllen.

Zum Schluss mit Alufolie abdecken und mindestens 2 Tage im Kühlschrank steif werden lassen.

Die Alufolie entfernen und die Masse auf den Tortenboden stürzen. Mit geschlagener Sahne und Schokoraspeln verzieren.

MEIN *Tipp*

Damit beim Auflösen der Gelatine keine Klumpen entstehen, die Blätter schichtweise für etwa 5 Minuten in kaltes Wasser legen, danach ausdrücken, in einen Topf mit Zitronensaft geben und aufkochen. Die Flüssigkeit noch warm in die Masse geben.

SCHOKO-
Kuppeltorte

EIN REZEPT VON ANNEMARIE MÜNZ

ZUTATEN

FÜR DEN BISKUITTEIG
4 Eier
4 EL heißes Wasser
175 g Zucker
1 Päckchen Vanillezucker
200 g Weizenmehl
10 g Kakaopulver
¾ TL Backpulver

FÜR DIE FÜLLUNG
1 Dose Birnen (Abtropf-
gewicht 460 g)
5 Blatt weiße Gelatine
125 ml Milch
150 g Halbbitter-Schokolade
500 ml Schlagsahne
2 EL Rum
2 EL Aprikosenkonfitüre

FÜR DEN BELAG
500 ml Schlagsahne
1 Päckchen Sahnesteif
1 EL Kakaopulver
geraspelte Schokolade

ZUBEREITUNG

Eier und Wasser schaumig schlagen. Zucker mit Vanillezucker mischen, einstreuen, zwei Minuten schlagen.

Mehl, Kakao und Backpulver mischen, die Hälfte davon auf die Eiercreme sieben und kurz auf niedrigster Stufe unterrühren. Den Rest des Mehlgemisches auf die gleiche Weise unterarbeiten. Den Teig in eine mit Backpapier ausgelegte Springform füllen, glatt streichen.

BACKZEIT Bei 180 °C etwa 30 Minuten backen. Den Boden auf einen Küchenrost stürzen, das Backpapier abziehen, erkalten lassen und waagrecht durchschneiden. Eine Schüssel (mit Frischhaltefolie ausgelegt) mit dem unteren Boden auslegen.

Für die Füllung abgetropfte Birnen in Spalten schneiden. Gelatine in wenig kaltem Wasser einweichen.

Milch erwärmen und die Schokolade darin auflösen. Die ausgedrückte Gelatine hinzufügen und so lange rühren, bis sie gelöst ist. Die Schokoladenmilch kalt stellen.

Sobald die Flüssigkeit anfängt zu gelieren, Sahne steif schlagen und unterheben. Die Masse in die Schüssel füllen, glatt streichen und mit den Birnenspalten belegen. Nun den oberen Boden mit Rum tränken, mit Konfitüre bestreichen und mit der bestrichenen Seite auf die Birnenspalten legen, abgedeckt mit Frischhaltefolie über Nacht in den Kühlschrank stellen. Anderntags die Kuppel auf eine Tortenplatte stürzen. Für den Belag Sahne mit Sahnesteif schlagen, Kakaopulver unterrühren, die Kuppel mit der Masse bestreichen, mit Schokoraspeln bestreuen.

73

Schokokuss-Torte

EIN REZEPT VON ANNETTE SPECK

ZUTATEN

ZUBEREITUNG

FÜR DEN HELLEN BISKUITBODEN

6 Eier
150 g Zucker
150 g Mehl
30 g Stärke
60 g Butter

FÜR DIE FÜLLUNG

3 Becher Sahne (à 200 ml)
3 Päckchen Sahnesteif
1 Becher stichfeste saure Sahne
250 g Quark
2 Dosen Mandarinen
(à 314 ml, abgetropft,
18 Schnitze zur Dekoration
beiseitelegen)
12 Schokoküsse (Waffelboden
abschneiden und zur Dekoration
verwenden)

Die Eier trennen und die Eigelbe mit der Hälfte des Zuckers schaumig rühren.
Eiweiße und den restlichen Zucker zu Schnee verarbeiten.
Die Eigelbmasse unter den Schnee heben.
Mehl und Stärke unterziehen und den Teig in eine Springform füllen.

BACKZEIT Bei 190 °C (Umluft) 20 bis 30 Minuten lang backen. Abkühlen lassen und einmal waagrecht durchschneiden.

Nun Quark, saure Sahne und Schokoküsse verrühren, dann die geschlagene Sahne unterheben.
Die Mandarinen auf dem Biskuitboden verteilen, und die Hälfte der Füllung darüberstreichen.
Das Ganze mit dem zweiten Biskuitboden deckeln, die Restfüllung darübergeben und – unter Einbeziehen der Tortenränder – gleichmäßig verstreichen.
Die Torte mit den 18 Mandarinenschnitzen sowie den halben Schokokusswafeln verzieren.

MEIN *Tipp*

Die Torte eignet sich für alle, die wenig Zeit zum Vorbereiten haben. Ich backe den Biskuit am Vortag und fertige die Torte dann zwei bis drei Stunden vor Eintreffen der Gäste. Sie kann nach zweistündigem Kühlen angeschnitten und genossen werden und ist nicht nur bei Kindergeburtstagen ein Renner.

Walnusstorte

EIN REZEPT VON JULIANE POKORNY

ZUTATEN

FÜR DEN MÜRBTEIG

160 g Butter
150 g Zucker
300 g Mehl
1 Ei
1 Prise Salz
Eigelb zum Bestreichen

FÜR DIE FÜLLUNG

50 g Butter
300 g Zucker
300 g gehackte Walnüsse
¼ l süße Sahne

ZUBEREITUNG

Die Teigzutaten zu einem Mürbteig kneten und diesen im Verhältnis zwei Drittel zu ein Drittel aufteilen.

Die zwei Drittel Portion in eine Tortenform geben und Boden und Rand formen.

Nun die Butter in einer Pfanne zerlassen und den Zucker darin hell karamellisieren.

Walnüsse und Sahne zugeben und das Ganze kurz aufkochen.

Die Masse abkühlen lassen und anschließend in die mit Teig ausgelegte Form einstreichen.

Das verbliebene ein Drittel Mürbteig zum Deckel formen und auflegen.

Diesen mit Eigelb bestreichen, mit einer Gabel vorsichtig „perforieren" und ab in den Ofen.

BACKZEIT Bei 200 °C (Umluft 160 °C) 30 bis 40 Minuten lang backen.

AUF DER KAFFEETAFEL GANZ GROSS: KLEINE

Köstlichkeiten

Brandteig-Schwäne

EIN REZEPT VON GUDRUN MEHLO

ZUBEREITUNG

FÜR DEN TEIG

250 ml Wasser
60 g Butter
1 Prise Salz
150 g Mehl
25 g Speisestärke
1 gestr. TL Backpulver
oder Natron
4 bis 6 Eier je nach Größe

FÜR DIE FÜLLUNG

300 ml Schlagsahne
1 TL Vanillezucker
etwas Puderzucker

Wasser, Butter, Salz in einem Topf zum Kochen bringen und vom Herd nehmen. Das mit Speisestärke gesiebte Mehl dazu geben und kräftig verrühren. Danach den Topf wieder auf den Herd stellen und bei geringer Hitze den Teig abbrennen: Rühren bis er sich als Kloß vom Topf löst. Teig in eine Schüssel geben und so viele Eier einzeln unterrühren, bis der Teig glänzt und in Spitzen vom Löffel abreißt. Backpulver in den erkalteten Teig rühren.

Etwa ein Viertel der Masse in eine Spritztülle füllen und auf ein Blech (Backpapier!) zwölf 1 cm dicke und 8 cm lange Schwanenhälse in S-Form spritzen.

BACKZEIT Bei 200 °C die Schwanenhälse etwa 15 Minuten und die Schwanenkörper etwa 35 Minuten backen.

Jetzt die Schwanenkörper vorbereiten: Je einen gehäuften Esslöffel Teig abstechen und einen länglichen Haufen auf ein Blech (Backpapier!) legen. Wichtig: Abstände einhalten. Nach dem Backen erkalten lassen.

Nun Zusammenbauen: Sahne mit Zucker steif schlagen. Die Körper wie Brötchen aufschneiden und die untere Hälfte mit Sahne füllen. Je einen Schwanenhals aufrecht in die Sahne drücken. Die Deckel längs halbieren und die Hälften als Flügel hochkant in die Sahne drücken. Puderzucker auf die Flügel stäuben.

MEIN *Tipp*

Alle Zutaten, auch die Eier, sollten Zimmertemperatur haben.

Flachswickel

EIN REZEPT VON JOACHIM KOCHENDÖRFER

ZUTATEN

500 g Mehl
125 g Butter
125 g Margarine
4 Eier
1 Würfel Hefe
⅛ l Milch
Kristallzucker

ZUBEREITUNG

Die Hefe in lauwarmer Milch glatt rühren, sämtliche Zutaten beigeben und das Ganze so lange kneten, bis der Teig schön glatt ist.

Die Schüssel mit einem Tuch abdecken und den Teig gehen lassen.

Danach portionieren und in Kristallzucker zu fingerdicken Strängen (etwa 20 cm) rollen. Diese zu einem schmalen „U" formen und die Teigenden umeinander drehen.

Die Flachswickel auf ein mit Backpapier ausgelegtes Blech geben und unter einem Tuch nochmals gehen lassen.

BACKZEIT Bei 180 °C etwa 10 bis 15 Minuten hellbraun backen.

Lia-Schnitten

EIN REZEPT VON ELISABETH SCHWARZ

ZUTATEN

FÜR DEN TEIG

1 Ei
2 EL Honig
150 g Zucker
30 g Butter
4 EL Milch
450 g Mehl
1 TL Natron

FÜR FÜLLUNG 1

200 ml Milch
2 große EL Grieß
170 g Zucker
170 g zimmer-
warme Butter
etwas Rum und Vanillezucker

FÜR FÜLLUNG 2

1 Glas beliebige
Marmelade, kein Gelee!

ZUBEREITUNG

Ei, Honig, Butter und Milch gut verrühren und über Wasserdampf 5 Minuten schlagen. Mehl und Natron mit der warmen Honigmasse zu einem Teig vermengen. Den Teig vierteln und die warmen Teile rasch hintereinander auf einem bemehlten Baumwolltuch auf Blechgröße ausrollen. Links und rechts eingeschlagen, kann jedes Teigstück leicht auf ein mit Backpapier ausgelegtes Backblech gelegt werden. Gegen Blasenbildung den Boden mit einer Gabel einstechen.

BACKZEIT
Jeweils circa 8 Minuten bei 200 °C backen.

Die festen Platten dann beiseitelegen. Aus Milch und Grieß einen Brei kochen und erkalten lassen.Die restlichen Zutaten gut verrühren und mit dem Brei vermischen. Die erste Kuchenplatte aufs Brett legen und die Hälfte der Grießfüllung darauf verteilen. Die nächste Platte dar- überlegen und mit Marmelade bestreichen. Darauf die dritte Platte, auf die der Rest der Grießfüllung verteilt wird. Mit der vierten Platte abdecken.
Nun muss der Teig mit der Feuchtigkeit der Füllungen durchziehen. Dafür ein Papier auflegen, mit einem Küchenbrett beschweren und über Nacht stehen lassen.

GLASUR
100 g fertige dunkle Glasur mit einem Würfel Palmin im Wasserbad erwärmen, verrühren und damit die Oberfläche bepinseln.
Der fertige Kuchen kann in kleine längliche Stücke geschnitten werden.

MEIN *Tipp*

Den noch warmen Boden sofort vom Blech nehmen und flach auslegen, dann lässt er sich später am besten schichten.

MEIN *Tipp*

Experimentieren Sie mit anderen Obstsorten. Die Täschle munden auch hervorragen mit (leicht gezuckerten) Heidelbeeren oder Erdbeeren. Außerdem macht sich eine Kuvertüre Deko gut.

OMA ELSES
Kirschtäschle

EIN REZEPT VON HEIKE KRÜGER

ZUTATEN

FÜR DIE TEIGTASCHEN
500 g Mehl
1 Päckchen Backpulver
100 g weiche Butter
150 g Quark
100 ml Sonnenblumenöl
8 EL Milch
100 g Zucker

FÜR DIE FÜLLUNG
60 (Amarena-)Kirschen

FÜR DEN GUSS
100 g Puderzucker
1 EL Kirschsaft oder Zitronensaft
ggf. einige Tropfen rote Lebensmittelfarbe
1 EL Wasser

AUSSERDEM
etwas Milch zum Bestreichen

ZUBEREITUNG

Für den Teig Mehl, Backpulver, Butter, Quark, Öl, Milch und Zucker mit der Küchenmaschine zu einem glatten Teig verkneten. Diesen 30 Minuten kalt stellen und danach auf einer bemehlten Arbeitsfläche dünn ausrollen. 20 Kreise (Ø 10 cm) ausstechen. Jeweils 3 (Amarena-)Kirschen auf die Kreise verteilen.
Teigränder dünn mit Milch einstreichen und den Teig zusammen-klappen – also zum Halbmond formen. Teigränder andrücken, z. B. mit einer Gabel. Blech mit Backpapier ausschlagen und Rohlinge darauf platzieren.

BACKZEIT Bei 175 °C (Umluft 150 °C) etwa 20 Minuten backen.

Für den Guss Puderzucker, Saft und - zwecks Optik - Lebensmittel-farbe sowie Wasser zu einem glatten Guss verrühren. Die Täschle aus dem Ofen nehmen und mit dem Guss glasieren.

GOLDBRAUNE

Quark-Bällchen

EIN REZEPT VON HEIKE KRÜGER

ZUTATEN

500 g Mehl
500 g Quark
1 TL Salz
225 g Zucker
1 Pck. Backpulver
1 Pck. Vanillezucker
4 Eier
1 l geschmacksneutrales
(Sonnenblumen-)Öl
Zucker und Zimt

ZUBEREITUNG

Aus allen Zutaten, außer dem Sonnenblumenöl, einen glatten Rührteig herstellen.

Dann das Öl in einem Topf erhitzen. Wenn dieses heiß genug ist (Holzlöffel-Probe, Löffel eintauchen: Wenn Bläschen aufsteigen, ist die richtige Temperatur erreicht), mit zwei Teelöffeln Teig abstechen, Bällchen formen, ins Öl geben und goldbraun ausbacken.

Diese je nach Geschmack in noch warmem Zustand in Zucker-Zimt-Mischung wälzen.

MEIN *Tipp*

Weniger ist mehr: Geben Sie
nicht zu viele Bällchen ins
heiße Öl. Sie könnten zusam-
menkleben. Das Ergebnis
wäre optisch unschön.

OMA MARTHAS

Nusshörnle

EIN REZEPT VON HEIKE KRÜGER

ZUTATEN

ZUBEREITUNG

FÜR DEN TEIG
200 g Butter
400 g Mehl
200 g Frischkäse
100 g Zucker
2 Eigelb
1 Fl. Buttervanille-Aroma
½ Fl. Rum-Aroma

FÜR DIE FÜLLUNG
2 Eiweiß
200 g Zucker
200 g gem. Haselnüsse
6 Tropfen Bittermandelöl

Butter, Zucker, Frischkäse, Eigelb und Aromen verkneten, dann das Mehl unterkneten.

Teig in drei gleichgroße Stücke teilen und mindestens zehn Minuten ruhen lassen. Die Teigportionen jeweils auf je 28 cm Durchmesser kreisrund ausrollen.

Dann Eiweiß mit Zucker steif schlagen und darin Bittermandelaroma sowie Nüsse unterheben. Die Nussfüllung auf die Teigplatten streichen und diese in 12 oder 16 „Tortenstücke" (Keile) schneiden.

Die Stücke aufrollen und zum Hörnle formen.

BACKZEIT Bei 170 °C goldbraun backen.

SCHWÄBISCH UND RUSTIKAL:

„Herzhaftes zum Viertele"

MEIN *Tipp*

Dazu passen ein Gläschen Rotwein oder auch eine Tasse Kaffee! Aus demselben Teig lassen sich auch Blechbrötchen, Sterne oder Weißbrotkapseln machen.

Bubaschenkel

À LA RENATE

ZUTATEN

1 kg Mehl
2 TL Salz
1 Würfel Hefe
½ l Milch
¼ Tasse Öl
Ei zum Bestreichen

ZUBEREITUNG

In die Mitte des Mehles eine kleine Mulde machen und die Hefe dort hineinbröseln.

Lauwarme Milch langsam im Wechsel mit dem Öl dazugeben.

Das Ganze solange durchkneten, bis kein Teig mehr an den Händen klebt.

Der Teig muss schön glatt sein, ehe er zugedeckt aufgeht und sich ungefähr verdoppelt hat.

Nun den Teig oval auswellen, die Hälfte überschlagen und vier Mal einschneiden, mit Ei bestreichen. Dann ab in den Ofen.

BACKZEIT Die Bubaschenkel bei 250 °C etwa 20 Minuten backen.

Rahmkuchen

EIN REZEPT VON LORE STURM

ZUTATEN

FÜR DEN HEFETEIG

250 g Mehl
80 g Margarine
1 Tasse Milch
½ TL Salz
½ Würfel Hefe

FÜR DEN BELAG

1 Becher Sauerrahm
1 Becher Crème fraîche
1 mittelgroße Zwiebel
feingehackt
1 EL Mehl
1 gestr. TL Salz

ZUBEREITUNG

Die Zutaten für den Hefeteig so lange kneten, bis er geschmeidig ist. Zugedeckt etwa eine halbe Stunde gehen lassen.

Die Zutaten für den Belag verrühren und gleichmäßig auf dem Boden verteilen.

BACKZEIT Den Rahmkuchen bei 250 °C 20 bis 30 Minuten backen, bis der Belag braun wird.

MEIN *Tipp*

Mit einem Gläschen Rotwein
genossen, schmeckt der
Kuchen besonders gut.

MEIN *Tipp*

Die Würzigkeit des Kuchens hängt maßgeblich vom Spec ab. Wer's weniger herzhaft mag, greift auf schwächer geräucherte Ware zurück.

Zwiebelkuchen

EIN REZEPT VON FRIEDA SCHWEIZER

ZUTATEN

HEFETEIG FÜR BODEN FÜR 3 KUCHEN

(Blechdurchmesser 32–34 cm)
1 kg Mehl
1 Würfel Hefe
½ l Milch
200 g Butter
2 TL Salz

FÜR DEN BELAG VON 2 KUCHEN

1500 g große Zwiebel
(Empfehlung Stuttgarter Riesen)
40 g Butterschmalz
2 Becher saure Sahne
3–4 Eier
2 TL Kümmel
Salz und Pfeffer nach Geschmack
2–3 EL Mehl
Je Kuchen 75 g durchwachsenen, geräucherten Speck

ZUBEREITUNG

Hefe mit 1 EL Zucker verrühren, bis die Hefe flüssig ist.
Lauwarme Milch, 500 g Mehl mit der verflüssigten Hefe mit der Hand zu einem weichen glatten Teig verrühren. 30 Minuten zugedeckt unter einem Tuch gehen lassen.
Mit Butter, Salz und dem restlichen Mehl von Hand auf einem Brett tüchtig kneten und den fertigen Teig in 3 Teile teilen.
2 Teile in Frischhaltebeutel im Kühlschrank langsam gehen lassen.
1 Teil ca. 20 Minuten unter einem Tuch ruhen lassen.
Zwiebeln, nicht zu grob geschnitten im Fett weich glasig dämpfen, dürfen keine Farbe annehmen. Anschließend ganz abkühlen, kalt werden lassen. Die gedämpften Zwiebeln mit den restlichen Zutaten vermischen.
Mit Salz, Pfeffer 1 TL Kümmel und mit 75 g gewürfelten Speck abschmecken. Kuchen müssen nacheinander ausgebacken werden. Ein gefettetes Backblech mit dem Hefeteig auslegen und nochmals kurz im Blech aufgehen lassen. Eine Hälfte des angemischten Zwiebelbelags auf den Teig geben und mit den Speckwürfeln und etwas Kümmel bestreuen. Bei 190 bis 200 °C ca. 45 Minuten goldgelb backen.
Nach 30 Minuten Backzeit den zweiten Teig aus dem Kühlschrank auf das zweite Backblech ausrollen und ca. 20 Minuten gehen lassen. Mit dem Belag wie vorhin verfahren. Die dritte Portion Teig wird zu einem Salz / Speckkuchen verarbeitet. 1 große Zwiebel mit 150 g geräuchertem Speck glasig gedünstet. Abkühlen lassen. Mit einer Tasse Sauerrahm und einem Ei verrühren. Eine Prise Pfeffer und etwas Salz abschmecken, je nach Schärfe des Specks unterschiedlich stark. Masse auf den ausgerollten, gegangenen Boden aufgeben, leicht mit Kümmel bestreuen.

BACKZEIT Bei 200 °C goldgelb, ca. 30 Minuten backen.

MEIN *Tipp*

Gleich die doppelte Menge zubereiten und das Käsegebäck bevorraten. Dessen Haltbarkeit beträgt starke drei Wochen ohne Qualitätsverlust – wenn man es in einer Blechdose lagert.

HERZHAFTES

Käsegebäck

EIN REZEPT VON HEIKE KRÜGER

ZUTATEN

200 g Mehl
150 g Butter
2 EL Crème fraîche
200 g Käse (Greyerzer,
Emmentaler o.ä.), frisch gerieben
1 Prise Salz
1 Prise Paprikapulver, edelsüß

ZUM VERZIEREN

1 Eigelb mit Sahne oder Milch
vermischt zum Bestreichen
Mohn
Sesam
Sonnenblumenkerne oder
Kümmel zum Betreuen

ZUBEREITUNG

Aus Mehl, Butter, Crème fraîche und geriebenem Käse einen Mürbteig kneten und etwa eine Stunde lang kühl stellen.

Den Teig dünn ausrollen und kleine Formen (Herzmotive, Sterne) ausstechen.

Die Rohlinge mit Eigelb-Sahne bestreichen und nach Belieben verzieren.

Backpapier auf ein Blech legen.

BACKZEIT Die Plätzchen bei 180 °C ungefähr 10 Minuten goldgelb backen.

Bäckerinnen und Bäcker

UNMÖGLICHER APFELKUCHEN

Simone Armbruster leitet die Bibliothekszweigstelle in Mittelstadt und backt gerne und viel. Sie ist Mutter zweier Kinder und engagiert sich in einer Bibliotheksfördergruppe, die zugunsten der Bücherei bastelt und die Arbeiten verkauft.

EINFACHER QUARK-BLÄTTERTEIG-APFELKUCHEN

Christa Simon-Heid bezeichnet sich selbst als Lust-und-Laune-Bäckerin. „Schnell", sagt die Tochter eines ehemaligen Konditor-Meister aus Honau, soll es bei ihr gehen – und natürlich gut schmecken. Ihre Freizeit verbringt sie gerne wandernd und mit ihren drei Enkeln. Politisch aktiv ist sie bei Attac Reutlingen.

APFELWEIN-TORTE

Karin Maurer ist seit über 50 Jahren in Reutlingen zu Hause. Gerne backt sie nach altüberlieferten schwäbischen und Reutlinger Rezepten, die sie überwiegend bei der Schwiegermutter kennenlernte. Die Apfelweintorte ist zwar etwas aufwendig in der Herstellung, aber eine köstliche Alternative zu den allgemein bekannten Apfelkuchen.

APRIKOSENKUCHEN

Christa Breckel engagiert sich ehrenamtlich im „Café Zentral" des Pfullinger Seniorenheims am Stadtgarten. Hier wird ihr Aprikosenkuchen stets begeistert genossen.

TANTE URSELS BECHERLES-KUCHEN

Heike Krüger ist GEA-Lokalredakteurin und begeisterte Hobbybäckerin. In diesem Buch stammen auch die Rezepte für Kirschtäschle, Quarkbällchen, Nusshörnle sowie das Käsegebäck von ihr.

BIENENSTICH

Rosemarie Preller verfügt über einen reichen Rezeptfundus, der längst ein imposantes Backbuch füllen könnte. Wenn sie nicht in der Küche wirkt, schafft sie gerne in ihrem großen Garten und widmet sich ihrem Golden Retriever.

BODENLOS EINFACH KUCHEN

Hans Wucherer ist Reutlinger Bäckermeister in der unteren Wilhelmstraße. In seiner Backstube verwendet er konsequent Rohstoffe aus der Region. Er engagiert sich im kommunalpolitischen Ehrenamt und ist Mitglied der WiR-Fraktion im Stadtparlament.

BRANDTEIG-SCHWÄNE

Gudrun Mehlo ist Schwäbin aus dem Schurwald und die Schwäne schlagen für sie eine Brücke zu ihrer Kindheit. Wie so manches Gebäck aus Kindertagen backt sie sie selbst, gibt das Rezept aber auch gerne weiter. Frau Mehlo ist Gründerin der Reutlinger „Oststadt-Manufaktur" und Autorin.

BUBASCHENKEL À LA RENATE

Renate Wolf ist Mitinhaberin des Pfullinger Bauralada und ehemalige Vorsitzende der Pfullinger Landfrauen. Politisch engagiert sie sich im Gemeinderat, privat backt sie gerne Traditionelles aus der Region.

CAPPUCCINO-SAHNE-TORTE

Gisela Froese war bis vor Kurzem Mitarbeiterin des Reutlinger General-Anzeigers und unter anderem im Redaktionsarchiv tätig. Sie backt für ihr Leben gerne. Und sie backt hervorragend, wovon die GEA-Belegschaft – nicht nur zur Weihnachtszeit – profitieren durfte.

CHARLOTTE

Beate Renz ist verheiratet und Mutter vierer Kinder. Sie arbeitet im Büro des Zimmereibetriebs „Renz Holzbau" in Ohmenhausen. Zu besonderen Anlässen backt Beate Renz gerne etwas ausgefallenere und aufwendigere Kuchen und Torten. Ihre Freizeit verbringt sie am liebsten in ihrem großen Garten.

EIERLIKÖRKUCHEN

Anette Hiesel arbeitet in der Praxis eines Reutlinger Arztes und widmet sich in ihrer Freizeit am liebsten dem Reisen.
Ihre Kuchen sind im Freundeskreis so bekannt wie begehrt.

ERDBEER-KÄSESAHNE-TORTE

Carina Stefak hat beim Reutlinger General-Anzeiger volontiert und anschließend in Tübingen studiert. Hätte sie nicht die Redakteurs-Laufbahn eingeschlagen, wäre ihr eine Karriere als Konditorin ebenfalls entgegengekommen.

SCHWÄBISCHE FLACHSWICKEL

Joachim Kochendörfer aus Eningen ist Zimmermeister und Restaurator und hat die Flachswickel erst für sich, dann für die Familie sowie den Freundeskreis entdeckt. Einstimmiges Urteil: Mehr davon!

HILDES FRÜCHTE-TORTE

Hilde Franz ist gebürtige Sondelfingerin und Künstlerin, die in ihrem wildromantischen Garten alljährlich zum „offenen Atelier" einlädt. „Als Malerin", sagt sie, „sieht man alles sehr farbig. Deshalb liebe ich das Kolorit und die Formen der Früchte. Sie regen mich zur Gestaltung an – auch beim Backen."

HIMBEER-BISKUIT-ROLLE

Beate Pittas ist hauswirtschaftliche Betriebsleiterin mit einer Zusatzausbildung zur Gesundheitsberaterin. Sie hat 2004 den Arbeitskreis „Gentechnikfreies Metzingen" mitgegründet. Außerdem setzt sich Beate Pittas in den Mensen der Metzinger Schulen für gesunde, regionale und aus biologischem Anbau erworbene Lebensmittel ein.

SAFTIGER KÄSEKUCHEN

Werner Schenk ist Konditor-Meister, verdient seine Brötchen inzwischen aber als Lehrer in Stuttgart. Er ist Mitglied in zahlreichen Vereinen und engagiert sich im kommunalpolitischen Ehrenamt als Bezirksbürgermeister von Sondelfingen.

OMA ANNAS KÄSEKUCHEN OHNE BODEN

Janna Blum ist Inhaberin der gleichnamigen Reutlinger Modeboutique und Presseverantwortliche der Händlergemeinschaft „OWi". Zu jedem Geschäfts-Event serviert sie „Oma Annas Käsekuchen". Und er wird jedes Mal hurtig verputzt.

KIRSCHKUCHEN

Trudl Kimmerle genießt nach ihrer Berufstätigkeit den Ruhestand. Ruhestand? Die backfreudige Rentnerin engagiert sich im Förderverein Seniorenzentrum Oferdingen und singt aktiv im Oferdinger Liederkranz. Wenn es ein Büfett zu bestücken gibt, sind ihre Kuchen immer vertreten – allerdings nie lange.

KIRSCHTORTE MARIE

Karin Keim ist Mutter zweier erwachsener Kinder. Als ausgebildete Betriebs-
wirtin und Bilanzbuchhalterin arbeitet sie beim Reutlinger General-Anzeiger
im Rechnungs-/Personalwesen. Ihr Rezeptvorschlag entstammt dem Familien-
Fundus und verdient das Prädikat „superlecker".

KÖSTLICHER KIRSCHENMICHEL

Helga Wolff lebt in Wannweil. Sie ist Initiatorin des Projekts Leih-Oma-Opa
und Autorin des Kinderbuches „Kasimir". Viele Jahre stand sie dem Reutlinger
Kinderschutzbund vor.

LIA-SCHNITTEN

Elisabeth Schwarz ist Rentnerin und kommt aus dem rumänischen Banat. Sie
ist von Kindesbeinen an mit dem Backen vertraut und stellt aus dem reichen
Schatz ihrer Rezepte die Lia-Schnitten vor, die immer reißenden Absatz finden.

OMA LISELOTTES LINZERTORTE

Cornelia Freidel arbeitet im Redaktionsarchiv des Reutlinger General-Anzei-
gers und ist – auch über den Burgplatz hinaus – für ihre Backkünste bekannt.
Für dieses Büchlein verrät sie ein altes Familienrezept, das kleinen und großen
Leckermäulern schmeckt.

MADAME CHOCOLAT

Susan-Britt Mader ist Mutter dreier (fast) erwachsener Kinder. Ihr Herz schlägt seit jeher für die süße Seite des Lebens.

DER BESTE MARMORKUCHEN

Gabriela Stork ist Mutter eines Sohnes. Sie wohnt seit 23 Jahren sehr gerne in Orschel-Hagen, singt im Projekt-Chor der Jubilate-Kirche. „Backen hat für mich etwas Magisches, ich habe immer große Freude, wenn Familie und Gäste sich meinen Kuchen schmecken lassen!"

FEINER MARMOR-GUGELHUPF

Wolfgang Sautter ist Bäckermeister im Ruhestand. Er war langjähriger Landesinnungsmeister für das Württembergische Bäckerhandwerk und hat den Förderkreis Hospiz Veronika in Eningen mitgegründet.

REUTLINGER MUTSCHELN UND HEFEZOPF

Hubert Berger ist ausgebildeter Bäckermeister. Er hat sich auf Vollkornback-waren spezialisiert, die er in seiner Backstube in der Oberen Wilhelmstraße fertigt und dort sowie in weiteren Filialen verkauft. Nachhaltigkeit ist ihm wich-tig. Deshalb setzt er auf Rohstoffe aus der Region.

NUSSTORTE

Ruth Reiber ist eine begeisterte Hobbybäckerin aus Mittelstadt, deren Nusstorte hundertfach erprobt ist. Sie darf auf keinem Büfett bei Feiern des Albvereins, des Sportvereins oder bei kirchlichen Veranstaltungen fehlen.

OMA STIEDLS NUSSKRANZ

Edeltraut Stiedl ist SPD-Gemeinderätin und Mitglied der Orschel-Hagener Interessengemeinschaft „Igeloh". Dort setzt sie sich aktiv für die Lebensqualität in der „Gartenstadt" ein. Als Vorsitzende des „Kreises der Älteren" organisiert sie bunte und informative Nachmittage.

RAHMKUCHEN

Lore Sturm ist Orschel-Hagenerin und engagiert sich in der „Gartenstadt" beim „Kreis der Älteren". Ihr Rahmkuchen ist – nicht nur dort – beliebt.

RUMKUGEL

Margret Thumm war bis 2013 Vorsitzende des Kirchengemeinderats der evangelischen Kirche Rommelsbach. In dieser Funktion hat sie selbst Rezepte für „Rommelsbachs schnelle Küche", „Rommelsbacher Weihnachtsgebäck" und „Rommelsbacher Backideen" gesammelt und als Bücher herausgegeben. Diese sind zwischenzeitlich allerdings vergriffen.

SCHOKO-KUPPELTORTE

Annemarie Münz probiert gerne neue Kuchen und Torten aus. Außerdem strickt die Reicheneckerin mit Vorliebe Socken und sammelt Papierservietten aus aller Welt.

SCHOKOKUSS-TORTE

Annette Speck ist ausgebildete Konditor-Meisterin und hat sich damit einen Kindheitstraum erfüllt. Die Reicheneckerin hat zwei Kinder und zwei Pferde. Reiten ist eines ihrer liebsten Hobbys.

STREUSELKUCHEN

Rita Lange ist Rentnerin und Mutter zweier erwachsener Söhne. Die Mittelstädterin bastelt gerne und empfiehlt ein erprobtes und in ihrer Familie sehr beliebtes Rezept.

TRÄUBLESKUCHEN

Ulrike Stickel ist Hovawart-Züchterin und beratende Expertin in allen Fragen zu dieser Hunderasse. Das von ihr empfohlene Rezept entstammt einer alten Familientradition und ist insofern sehr regional, als die verwendeten Träuble in nahezu allen Gärten und auf allen Gütle rings um Reutlingen wachsen.

TANTE INGES WALNUSSTORTE

Juliane Pokorny kommt aus einem Elternhaus, das Kuchen zu schätzen weiß. Früh mit dem Backen vertraut geworden, kann die Ärztin aus einem großen Fundus an Familienrezepten schöpfen. Die Walnusstorte hat übrigens regionalen Bezug. Am Georgenberg, wo Juliane Pokorny weite Teile ihrer Kindheit verbrachte, gibt es bis heute viele Walnussbäume.

ZWETSCHGEN-KUCHEN

Sabine Haas ist Ärztin und Mutter von vier Kindern. Sie hat ein Faible für klassische Musik und für köstliche Kuchen – natürlich selbst gebacken.

ZWIEBELKUCHEN

Frieda Schweizer ist Mutter zweier erwachsener Kinder und Oma von vier inzwischen ebenfalls erwachsenen Enkeln. Sie liebt ihren Garten, den sie mit Leidenschaft hegt und pflegt. Ihr zweites großes Hobby ist das Backen.

Impressum

Bildnachweis

Sämtliche Fotos von Gerlinde Trinkhaus, Reutlingen, bis auf:
clearimages/Shutterstock.com S. 7; Jenn Huls/Shutterstock.com S. 27;
Lusie Lia/Shutterstock.com S. 45; S_Photo/Shutterstock.com S. 79;
Daria Minaeva/Shutterstock.com S. 93; Stephan Zenke S. 86, S. 89, S. 90, S. 98;
Fotolia_Stefanie B. S. 100.

© Oertel+Spörer Verlags-GmbH + Co. KG
2., überarbeitete und ergänzte Auflage 2014
Postfach 16 42 · 72706 Reutlingen
Alle Rechte vorbehalten.
Umschlaggestaltung, Satz und Layout: solutioncube GmbH, Reutlingen
Druck und Einband: Longo AG, I-Bozen
Printed in Italy.
ISBN 978-3-88627-355-3

Besuchen Sie unsere Homepage und informieren Sie sich über unser vielfältiges Verlagsprogramm:
www.oertel-spoerer.de